気をつけよう！課金トラブル

③ 最新事情と対策〜ゲーム会社に聞いてみた

高橋暁子／監修

ゲーム会社ではどんな工夫をしているのかな？

ハード面・ソフト面両方から対策しているよ

課金する子どものうち、月3000円以上の割合

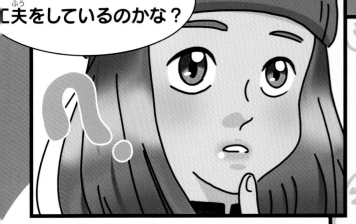

小学4〜6年生	中学生	高校生
21%	16%	17%

小学生が多い！

汐文社
ちょうぶんしゃ

最新事情と対策
〜ゲーム会社に聞いてみた

ゲーム会社の人に、
ゲームの楽しさとか、
課金トラブルのこと
聞いてきたよー

課金トラブルについて、
ゲーム会社の人は
いろいろ考えてくれてる!

みんな、ゲームと
上手に付き合って、
遊ぼうね

もくじ

課金トラブルの理由は「オンラインゲーム」だから!?

解説へ

オンラインゲームと課金トラブルの関係

オンラインゲームっていつからはじまったんだろう？

　世界初のオンラインゲームは、いまから約30年前の1990年代にアメリカで生まれたんだって。**日本でも2000年代**から広まって、家庭用ゲーム機にもインターネット接続機能が備わって当たり前にできるようになった。

　そして2008年に**スマホ（iPhone）が発売**されて、ゲーム機だけでなくスマホでのオンラインゲームやソーシャルゲーム（SNS上で提供されるオンラインゲーム）が当たり前になった。友だちや、出会ったことのない人とのプレイが楽しめたり、ゲーム内容がどんどん更新されることもあって、人気になっている。そんな流れの中で課金トラブルも増えてきたのかもしれない。

ゲーム課金トラブルは、おうちの中のゲーム機（家庭用ゲーム機）でしか遊べなかった時代にはなかった問題と言える。ゲームの進化と事情をおうちの人にも知ってもらいたいところだよね。

ゲーム機やゲーム環境の歴史

1983年	ファミリーコンピュータ
1989年	ゲームボーイ
1990年	スーパーファミコン
1994年	PlayStation
2000年代	インターネットが広く普及
2004年	ニンテンドーDS
2006年	PlayStation3
2006年	Wii
2008年	iPhone
2017年	Nintendo Switch
2020年	PlayStation5

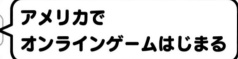

アメリカで
オンラインゲームはじまる

日本でオンライン
ゲームはじまる

スマホ登場

オンラインだと世界中の人と
プレイできるのが楽しいんだよねー

でもなあ。
オンラインだからこその
トラブルが心配だよ

ゲームだけでなく課金にも

オンラインで遊べるゲーム以外にも、マンガや占いなどアプリ内での課金にもトラブルの危険がひそんでいる。どんなしくみかをよく知って上手につきあおう。

マンガサイト・アプリの場合

本屋さんで買うマンガは有料なのに、なぜかマンガアプリで読むマンガは無料……。それにはわけがある。たとえば、無料で読めるのは最初の1話だけ。続きを読むには、「友だちを紹介して」とか「広告を見て」などのしかけがある。そして、その先には課金が必要というケースも……。

2巻でも紹介した期間限定や無料といった課金したくなるしくみが、マンガサイトやアプリでも使われているんだ。

占いサイト・アプリの場合

占いサイト・アプリでもトラブルが起きているケースがある。たとえば、無料だからと気軽に生年月日やメールアドレスなどの個人情報を登録すると、大量の迷惑メールが届いたり……。

無料の期間が過ぎて追加の占いサービスを提案されて、「気になって仕方がない」と課金したというケースもあるから気をつけよう。

マンガや占いなどの注意して！

SNSの場合

SNSでは「未成年でも銀行口座がなくてもスマホだけでできる簡単・高収入なバイト」が募集されていることがある。しかしそんなうまい話はない！　お金をだまし取られる詐欺だったり、「闇バイト」などの犯罪行為をさせられてしまったりするんだ。絶対に応募しちゃダメだよ。

ライブ配信の場合

ライブ配信などでの投げ銭（換金できるアイテムを送ること）にハマる小学生が増えている。配信者が喜んでくれるからといって、つい送りすぎてしまって、大金を使いこんでしまう人も……。ランキングなどでファン同士を競わせるしくみもあるから、ハマりやすいので注意が必要だよ。

軽い気持ちで
個人情報を
登録しないように
しないとね！

続きを読みたくなる
いいタイミングで、
次の話になるんだよねー

いきなり友だちから
紹介されても、
驚いちゃうよ

最新ゲーム事情。未来のゲームってどうなるんだろう？

現実とゲームの世界の境界線がなくなったらどうしよう

みんなは**メタバース**という言葉を聞いたことがあるかな？

メタバースとは、インターネット上の**仮想空間**のこと。仮想空間の中で自分自身の分身であるアバターが動いて、まるで**現実世界と同じような体験**ができるんだ。いま遊んでいるゲームでも似たような体験をしているか

もしれないけれど、もっと進化して、もし現実世界と同じようにお金や商品のやりとりができるようになるとしたら、みんなはどう思う？

ゲームの世界の方が居心地いいってなると、現実世界に戻ってこられなくなるかも

もうひとりの自分がつくれるって、すごくない!?

メタバースの世界に、どんな約束事が必要になるかはこれからの世の中の課題なんだって

ゲームがオンラインでより便利でおもしろくなった分、課金トラブルも増えた。ここではみんなにこれからも進化していくゲームのことや、取り巻く環境についての最新事情を紹介しよう。おもしろくて夢中になってしまうだけにリスク（危険）があるかもしれないよ。

eスポーツの盛り上がり。ゲームでオリンピックに出られる!?

eスポーツとは「エレクトロニック・スポーツ（Electronic Sports）」の略。ゲームでの対戦をスポーツととらえて「eスポーツ」と呼んでいる。

eスポーツの盛り上がりや規模は年々大きくなっていて、いまでは世界や地域で大会が行われている。2023年にはeスポーツだけのオリンピック「オリンピックeスポーツシリーズ」も開かれた。

オリンピックeスポーツシリーズの競技（10種）とゲーム

アーチェリー（Tic Tac Bow）

野球（WBSC eBASEBALL™：パワプロ）

チェス（Chess.com）

自転車（Zwift）

ダンス（ジャストダンス）

モータースポーツ（グランツーリスモ）

セーリング（バーチャルレガッタ）

射撃（ISSFチャレンジ・フィーチャリング・フォートナイト）

テニス（テニスクラッシュ）

テコンドー（バーチャルテコンドー）

運動は苦手だけど、これならぼくもオリンピック選手になれるかも

みんないつからゲームしたり、スマホを持っている？

15

みんないつからゲームをしたり、スマホを持っているんだろう？

小学生は、まだゲームに関するトラブルが多い年代

いろんなデータやアンケートを参考にしながら、ゲームやスマホとのかかわり方を見てみよう。

まずはゲームをはじめた時期でいうと、小学校に入る前に経験した人がほとんどだという。

次にインターネットをしたことがあるかどうか。これもタブレット学習もあるから、**小学生のほぼ100%が経験している**（図1）。

そして、スマホの話だ。自分用のスマホをいつ持ったかというと、アンケートでは共用での利用も含めると**ほぼ100%の人**が小学校時代に使っているらしい（図2）。

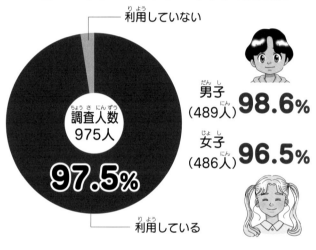

図1　小学生のインターネット利用状況

利用していない

調査人数
975人
97.5%

利用している

男子
（489人）**98.6%**

女子
（486人）**96.5%**

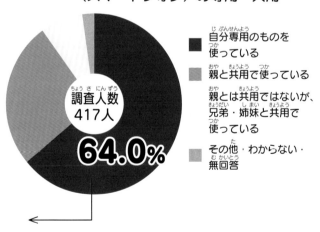

図2　小学生のインターネット接続機器（スマートフォン）の専用・共用

調査人数
417人
64.0%

■ 自分専用のものを使っている
■ 親と共用で使っている
■ 親とは共用ではないが、兄弟・姉妹と共用で使っている
■ その他・わからない・無回答

自分専用スマートフォンを使っている小学生

女子
（232人）**67.2%**

男子
（185人）**60.0%**

出典：文・上両図ともに
令和4年度 青少年のインターネット利用環境実態調査（内閣府）

18

　これを見て、「**スマホを持つか・持たないか**」は、おうちの人と相談して決めよう。そのときに気をつけてほしいのが、オンラインゲームでの**トラブル件数**のデータ（図３）だ。**小学生のトラブル**は中学生、高校生に比べてまだまだ多い。ゲームもスマホもはじめるときは、１巻のトラブル事例も知って、２巻の家族の約束事を決めてからにしよう。

図３　オンラインゲームに関する相談のうち
契約当事者が小学生・中学生・高校生の相談件数

（件数）

	2016	2017	2018	2019	2020
高校生	1171	1339	1957	2557	3723
	216	232	299	351	491
中学生	485	550	785	1026	1374
小学生	470	557	873	1180	1858

（年度）

出典：独立行政法人国民生活センター

おうちの人と一緒に
家族の約束事（２巻12ページ）を
決めてからはじめよう

ゲームとの上手なつきあい方。
ゲーム会社の人に聞いてみました

コラム 人気職業アンケート上位の「ゲームの仕事」

　みんなはどんな夢を持っていて、将来、何になりたいと思っているかな？

　ゲームが好きな子も多いから、最近はゲームをつくる制作の仕事、プレイヤーであるプロゲーマーという仕事が人気になっているみたいだ。もし将来、ゲームの仕事につきたいなら、ゲームで遊んでいるだけではなくて、「なんでこのゲームはおもしろいのかな」とか、ゲームのしくみについてもくわしくなっておくといいよ。

2022年「小学生がなりたい職業」集計結果

男子 職業	順位	女子 職業
サッカー選手・監督など	1	医師
野球選手・監督など	2	保育士
医師	3	獣医
		美容師
ゲーム制作関連	4	——
会社員・事務員	5	教師
ユーチューバー	6	イラストレーター
警察官・警察関連	7	看護師
プログラマー	8	パティシエール
プログラマー	9	薬剤師

第16回小学生「夢をかなえる」作文コンクール（NPO法人 日本FP協会、株式会社日本教育新聞社）をもとに作成

運動が苦手でも
eスポーツなら
活躍できるかも

ガンホー・オンライン・エンターテイメント株式会社

大人気ゲーム「パズル＆ドラゴンズ（パズドラ）」やPCオンラインゲーム「ラグナロクオンライン」などを運営しているガンホーには、「子どものゲーム安心・安全啓発チーム」という、ゲームのトラブル対策チームがある。担当者の人にゲームとのつきあい方などを聞いてみた！

ゲーム課金トラブルが気になって、この本を読んでいるんですが、ゲームを開発されている皆さんはどう思っていますか？

みなさんに**安心して楽しくゲームで遊んで**ほしいと考えているので、課金トラブルはなくなることが理想です。近年では、スマホやタブレットの利用開始時期が低年齢化していて、スマホやタブレットでゲームを提供する会社には細やかな対応が求められていると感じています。

たとえば、どんな対応をしているんですか？

ゲームシステムに**課金トラブルを防止**するしくみを取り入れたり、利用者に対してゲーム内外で働きかけを行ったりすること。それと、これから利用者となる低年齢層への**啓発活動**を求める声も多くあります。弊社では、これらの声にこたえる形で、さまざまな活動を行っています。

「課金トラブルを防止するしくみ」って
どのようなことですか？

弊社では、ハード面とソフト面の両面から課金トラブルへの対策をしています。
ハード面での対策は、ゲームシステムとして課金時の年齢確認や上限金額の設定を組み込んでいるほか、システムメッセージに低年齢でも理解できる表現を使い、現実のお金が使われることを案内した上で、課金の手続きに進むようにしています。

そうなんですね！
ソフト面ではどんなことをしているんですか？

ソフト面での対策は、これから利用者となる年齢層に向けた**啓発活動**を積極的に行っています。
たとえば、小学校の児童や教員、保護者のほか、消費生活センターの相談員を対象に、対象者にあわせた内容のオンライン**出前講座**を実施しています。

出前講座

お約束メイカー

さらに、「親子でスマホとゲームのお約束メイカー」というwebサイトを提供し、トラブルを**防止するため**の約束づくりを手助けしています。
「お約束メイカー」はゲーム感覚でゲームトラブルに関する知識を得ながら、親子で楽しく**オリジナルの約束がつくれる**無料のwebサイトです。

出前講座いいなー。うちにも来てほしい!

お約束メイカーは、2巻の家族の約束事づくりにも使えそう!

あのー。将来、ゲームの仕事がしたいんですが、いまからどんなこと勉強すればいいですか?

将来ゲームの仕事をするためには、ゲーム以外にも
いろいろなことにチャレンジして、**たくさんのこと
を経験してみて**ください。
いろいろな経験をしてきた人は、ゲーム以外の遊び
に関するアイデアをたくさん持っているからです。
それは、まだ誰も遊んだことのない「新しいゲーム」
をつくることにもつながっていきます。

そうかあ。学校の勉強もゲームづくりにつながるんですね。

もちろんです。小学生のみなさんは、ゲーム以外にも
いろいろな経験や勉強をして「**アイデアの種**」をたく
さん増やしてくださいね。

さいごに・・・担当者の方から

「**ゲームが上手な人**」というのは、
ゲームに**勝ち続けることができる人**だけではありません。
ゲームでトラブルを起こさず、**自分のペース**で
楽しんでいる人も「**ゲームが上手な人**」だと思います。
本書でゲームに対しての知識を深め、
自分なりの**上手なゲームとのつきあい方**を
身につけてください。

任天堂株式会社

「スーパーマリオブラザーズ」「ゼルダの伝説」「星のカービィ」などの大人気ソフトや、Nintendo Switchなどのゲーム機をつくっている任天堂に、ゲームとの上手なつきあい方を教えてもらったよ！

ゲーム課金トラブルが気になって、この本を読んでいるんですが、ゲーム開発にかかわる会社の皆さんはどう思っていますか？

ゲームは本来楽しんでもらうためにあるものなので、こうしたトラブルがあることは、もちろんいいこととは思っていません。
任天堂のゲーム機には子どもたちの**無断課金を防ぐためのしくみ**が用意されていますので、トラブルが起こる前にぜひ活用してみてください。

どんな対応をしているんですか？

子どもたちが原因となって起こる課金トラブルは、保護者のみなさまにも前もってご理解いただくことが重要と考えています。任天堂ホームページ上や弊社のSNSアカウントからさまざまなお知らせをしています。

たとえばどんなものですか？

このようなお知らせがあるのでぜひ見てみてください。

任天堂から保護者のみなさまへ:
お金にかかわること

保護者のみなさまに
お願いしたいこと

Nintendo Switchをみまもろう:
ニンテンドーeショップをみまもる

Nintendo みまもり Switch

また、保護者のみなさまに向けて「Nintendo みまもり Switch」の紹介動画も公開しております。

ぼくたちだけじゃなくて、おうちの人と一緒に課金トラブル対策をしようってことですね。

はい。保護者のみなさまにこれらのコンテンツを読んでいただき、親子のあいだのコミュニケーションやゲーム機の設定等にお役立ていただければと考えております。

掲載画像：任天堂公式ホームページより

29

ゲーム会社に聞いてみました

世界中にファンがいるゲーム会社の担当者の方にも
アドバイスをもらったよ。

ゲーム課金トラブルについて、皆さんはどう思っていらっしゃいますか？

私たちはCESA（一般社団法人コンピュータエンターテインメント
協会）をはじめとした各種業界団体とも連携し、ゲームの対象年齢
やプラットフォームに応じてさまざまな対策を行っています。

たとえばどんな対策なんでしょうか？

一例として、ゲームの起動時には必ず**未成年者の方へ向けた注意喚
起（課金の際の保護者確認含む）を表示**し、またアプリ内で複数回
課金のしくみがある場合には初回課金時に生年月を確認してご利
用額に制限をかけています。

ゲームを安全・安心に楽しむにはどうしたらいいですか？

ご家庭や保護者の方と**コミュニケーションを取り、
ルールを守って遊んでください。**

将来ゲームの仕事がしたいんですが、何を勉強しておくといいですか？

ゲームづくりのプロには、子ども時代にスポーツ・音楽・文学などゲー
ム以外の分野でひたむきに打ち込んできた人が多いです。将来たくさん
の新しい遊びをつくることができるように、世界を広げてくださいね。

30

さくいん

〈監修者プロフィール〉　● **高橋暁子**（たかはし・あきこ）

ITジャーナリスト。成蹊大学客員教授。
SNSや情報リテラシー教育が専門。スマホやインターネット関連の事件やトラブル、ICT教育事情に詳しい。東京学芸大学卒業後、東京都で小学校教諭などを経て独立。書籍、雑誌、Webメディアなどの記事の執筆、企業などのコンサルタント、講演、セミナー、講義、委員などを手がける。
『ソーシャルメディア中毒』（幻冬舎）、『できるゼロからはじめるLINE超入門 iPhone＆Android対応』（インプレス）など著作は 20冊以上。
SNS、10代のネット利用実態とトラブル、スマホ＆インターネット関連事件等をテーマとして、NHK『あさイチ』、NHK『クローズアップ 現代＋』、NHK『所さん！事件ですよ』他、テレビ、雑誌、新聞、ラジオ等のメディア出演多数。
全国の小中高校大学、自治体、団体、企業などを対象に毎年50回ほどの講演・セミナーを行っている。
「青少年を取り巻く有害環境対策の推進」技術審査委員会技術審査専門員（文部科学省より委託）。教育出版中学校国語の教科書にコラムが掲載中。

〈参考サイト〉　香川県教育委員会調査（令和２年）
　　　　　　　青少年のインターネット利用環境実態調査（内閣府令和４年度）
　　　　　　　第16回小学生「夢をかなえる」作文コンクール（NPO法人日本FP協会、株式会社日本教育新聞社）
　　　　　　　独立行政法人国民生活センター

〈文・まんが・イラスト〉田中ナオミ
〈デザイン〉やすいともひろ
〈写真〉iStock

気をつけよう！　課金トラブル
3　最新事情と対策 ～ゲーム会社に聞いてみた

2024年3月　初版第1刷発行

監　修　　高橋暁子
発行者　　三谷光
発行所　　**株式会社汐文社**
　　　　　〒102-0071　東京都千代田区富士見1-6-1
　　　　　TEL : 03-6862-5200　FAX : 03-6862-5202
　　　　　https://www.choubunsha.com/
印　刷　　**新星社西川印刷株式会社**
製　本　　東京美術紙工協業組合

ISBN 978-4-8113-3101-0